Die
Da
Bibliot

GW01043811

Sport ist Mord

Fußball-Krimi in Hamburg

A1/A2

Von Roland Dittrich
Illustriert von Natascha Römer

Sport ist Mord

Roland Dittrich
mit Illustrationen von Natascha Römer

Redaktion: Kerstin Reisz
Layout: Annika Preyhs für Buchgestaltung
Technische Umsetzung: Klein & Halm Grafikdesign, Berlin
Umschlaggestaltung: Ungermeyer, grafische Angelegenheiten

Bildquellen
Umschlagfoto: Corbis RF
S. 38: Fotolia / © Marco2811 (oben links) / © konstan (oben rechts) / © ExQuisine
    (Mitte links) / © tunedin (Mitte rechts) / © Marco2811 (unten)
S. 39: Fotolia / © nickola_che (oben) / © Jan Schuler (Mitte) / © Marco2811 (unten)

www.cornelsen.de

1. Auflage, 1. Druck 2016

Druck: H. Heenemann, Berlin

ISBN 978-3-06-120742-7

 Inhalt gedruckt auf säurefreiem Papier aus nachhaltiger Forstwirtschaft.

Inhalt

Sie können diese spannende Geschichte auch über einen MP3-Player zu Hause, bei einer Auto-, Zug- oder Busfahrt anhören und genießen.

Personen

Ricardo Schmidt, 18 Jahre
Kurzname „Rico", Deutscher aus
Porto Alegre (BR), dort lebt seine
Familie, Amateur-Fußballspieler

Karl Kienboom, 49 Jahre
Manager und Jugendtrainer
beim Fußballklub FC Hamburg,
Hobby: schnelle Motorboote

Meike Strohm, 45 Jahre
arbeitet beim FC Hamburg als Chef-
sekretärin des Präsidenten, Tochter
Wibke, 19 Jahre

Jannis Papastakis, 21 Jahre
Grieche aus Patras (GR),
Ingenieur-Studium in Hamburg,
Hobbys: Fußball und Bouzouki

Markus Berg, 28 Jahre   **Dr. Elisabeth Aumann, 32 Jahre**
Detektiv und freier Journalist   Kurzform „Lisa", Detektivin
                gemeinsame Detektei SIRIUS in Köln

5

Orte der Handlung

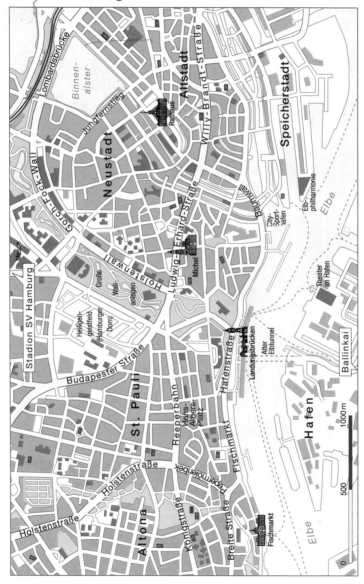

° die Mannschaft: 11 Spieler; **A** ° der Torwart; **B** ° der Schiedsrichter: der S. pfeift; **C** ° der Trainer; **D** ° das Tor: ein T. schießen, der Ball geht ins T. / der Torwart hält; **E** ° das Spielfeld; **F** die Ecke: eine E. schießen; **G** ° der Elfmeter: einen E. schießen; **H** ° das Foul: ein F. begehen; **I** der Freistoß: einen F. bekommen

Kapitel | 1

„Tor!" Und wieder: „Tooor!"

3:0 führt Werder Bremen gegen den FC Hamburg – nur die zweite Mannschaft°, aber eine Katastrophe! Hamburg kann doch nicht gegen Bremen verlieren, nie im Leben!

5 Karl Kienboom, der Hamburger Jugendtrainer, ist verzweifelt, ihm ist heiß und kalt, was ist los?

Die Hamburger Spieler° sind langsam und schwach.

Und die Bremer? Die sind hundertmal besser!

Aus! Das Spiel ist aus.

10 Die Hamburger Spieler sitzen oder liegen auf dem Spielfeld°, müde, traurig.

Kienboom geht zu ihnen: „Was war denn los mit euch? Im letzten Jahr haben wir doch noch gewonnen!"

Einer sagt etwas: „Trainer, wir sind einfach kaputt. Warum

15 wissen wir nicht."

„Morgen sehen wir uns wieder, dann aber ...", sagt der Trainer kurz und unfreundlich und geht.

*

Jetzt sitzt Kienboom im Vereinsbüro an seinem Schreibtisch.

Was habe ich falsch gemacht?

20 Ich habe doch immer das Beste für meine Spieler gewollt und getan? Da klingelt das Telefon!

---

3 die Katastrophe: etwas sehr Schlimmes ist passiert
6 verzweifelt: man fühlt, es gibt keine Lösung
9 hundertmal besser = viel, viel besser
°die Mannschaft, °die Spieler, °das Spielfeld: → Seite 6

„Kienboom", sagt er müde ins Telefon.

„Johannsen hier! Kommen Sie sofort in mein Büro."

Fünf Minuten später steht er vor dem Präsidenten des
Klubs. „Ach, Herr Präsident, wahrscheinlich haben Sie mich
gerufen, weil ..."   5

„Richtig! Kienboom, so geht es nicht weiter: Schon das dritte
Spiel verloren, und auch noch gegen Werder! Alle lachen
über uns. Haben Sie eine Erklärung?"

„Aber das ist doch nur die zweite Mannschaft ..."

„Was? Sie sagen ‚nur die zweite'? Die sollen doch einmal in   10
die erste? Diese müden Typen?!"

„Ich habe doch alles versucht, aber die Spieler ..."

Johannsen lässt ihn nicht weitersprechen.

„Egal! Tun Sie etwas, ich will nur noch Positives hören. Sonst
sind Sie hier weg. Alles klar?"   15

Johannsen denkt: Schon wieder! Da stimmt doch etwas
nicht, und ich weiß nichts.

11 der Typ: ugs. ein Mann

Langsam geht Kienboom in sein Büro zurück. Er hat eine Idee. Er greift zum Telefon ...

*

Das Container-Schiff „Esperanza" fährt in den Hamburger Hafen ein. Vorn am Bug steht Rico, neben ihm Jannis.

5 Ricardo Schmidt kommt aus Brasilien. Er wollte nach Hamburg und ist mit dem Schiff gefahren, denn mit dem Flugzeug wäre es zu teuer.

In Hamburg will er sein Glück versuchen. In seiner Heimat, in Porto Alegre, ging es für ihn nicht weiter.

10 Auf dem Schiff hat er Jannis kennen gelernt. Dieser Jannis will Ingenieur werden, Schiffsingenieur. Und dafür macht er ein Praktikum auf diesem Schiff.

Die Stadt kommt näher. „Schau mal, Rico, das ist unser Hamburg, das ‚Tor zur Welt'!"

2 greifen: in die Hand nehmen
4 der Bug: der vordere Teil eines Schiffs
14 das Tor: sehr große Tür

„Ja, und dort, das ist der Michel, unsere Kirche. Man sieht ihn
und weiß: Man ist in Hamburg!" Jannis liebt Hamburg sehr,
so wie seine Heimatstadt Thessaloniki.
„Das sieht toll aus!", freut sich Rico, „wunderbar! Aber –was
mache ich hier, in dieser großen Stadt?" 5
„Hast du doch schon gesagt: Fußball spielen."
Auf der Fahrt nach Hamburg sind die beiden Freunde gewor-
den.
„Aber wo? In welchem Klub?" Rico hat plötzlich Zweifel.
„Das habe ich dir doch schon gesagt: Geh zum FC Hamburg 10
und stell dich vor, einfach so."
Jannis will ihm helfen.
„Und warum der?"
„Du, das ist ein reicher Klub. Dort suchen die immer gute
Spieler, besonders junge. Und Spieler aus Brasilien – die fin- 15
den sie immer interessant."
„Jannis, du machst mir Mut."
„Na klar. Ich bringe dich zum FC Hamburg, schon morgen.
Und noch etwas: Du kannst am Anfang bei uns wohnen, in
Altona, in unserer WG ..." 20
„Wirklich?"
„Du kannst bei uns einziehen. Wir haben gerade ein Zimmer
frei, und für meine Freunde ist das o. k."
„Jannis, du bist wirklich ein guter Freund!"
„Ist doch klar. Aber jetzt schau mal – unsere Stadt!" 25

9 der Zweifel: man glaubt nicht daran, man ist unsicher
17 der Mut: stark sein, keine Angst haben
20 die WG = Wohngemeinschaft: junge Leute, Studenten leben
zusammen in einer Wohnung, aber jeder hat ein eigenes Zimmer

Kapitel | 2

Rico steht vor dem Stadion des FC Hamburg – riesig!
Aber dann sieht er etwas: Was ist das? Ein Krankenwagen
vor dem Eingang? Das ist doch hier ein Sportverein, kein
Krankenhaus!
5 Langsam geht er hinein und sucht die Geschäftsstelle. Ziemlich aufgeregt ist er.
Er klopft und geht hinein.
„Guten Tag, ich bin der Rico, Ricardo Schmidt."
„Moin, moin", sagt freundlich die Sekretärin Meike Strohm,
10 „willkommen bei uns. Was möchten Sie?"
Sie ist eine nette Frau, denkt Rico.
„Ich habe eine Frage: Ich bin gestern aus Brasilien angekommen. Ich spiele Fußball – und ich will beim FC Hamburg
anfangen."
15 „Langsam, langsam", sagt sie. „Bei mir sind Sie da nicht richtig, leider ..."
„Vielleicht doch. Ich möchte gern mit dem Trainer° sprechen,
mit dem Jugendtrainer."
„Das ist Herr Kienboom, aber ..."
20 „Bitte! Ich brauche eine Chance. Können Sie ihn nicht
anrufen?" Rico schaut sie an.
„Na gut, ich kann es ja versuchen." Sie greift zum Telefon.

---

1 riesig: sehr, sehr groß
5 die Geschäftsstelle: das Büro des Vereins
9 Moin, Moin: in Norddeutschland oft für „Guten Morgen", „Guten Tag",
„Guten Abend"

„Karl, da steht ein Junge vor mir, Brasilianer, Fußballspieler, wie er sagt. Kann ich den zu dir schicken?"

Sie wartet einen Moment auf die Antwort.

„Du, ich weiß schon, das ist nicht der normale Weg. Aber mach doch mal eine Ausnahme – vielleicht ist er wirklich was Besonderes. – Na also!" 5

„Sie haben Glück. Sie können sich dem Trainer vorstellen. Er ist gerade da, ich bringe Sie hin."

„Obrigado, vielen Dank", kann Rico nur noch sagen.

*

Kienboom steht von seinem Schreibtisch auf: 10

„Du bist das also, der Brasilianer ..."

Meike geht zu Kienboom und flüstert ihm ins Ohr:

„Das ist Rico. Versuch es doch mal, vielleicht ist er wirklich gut und das brauchst du doch jetzt, richtig?"

„Danke, Meike. – Rico, nimm Platz!" 15

Er ist o. k., denkt Rico zuerst, aber – Achtung! – mal sehen, was da kommt.

5 die Ausnahme: nicht die Regel
12 flüstern: leise sprechen

„Rico – Ricardo! Brasilianer, eh? Fala Portugues?"

„Sie können Deutsch mit mir sprechen. Meine Familie kommt aus Deutschland", antwortet Rico.

„O. k. Zuerst ein paar Fragen ..."

5 Was will der jetzt wissen, denkt Rico.

„Wie lange spielst du schon Fußball? Bei welchem Verein? Rauchst du? Trinkst du Alkohol? Welche Krankheiten hast du gehabt? Bist du fit? Na ja, unser Mannschaftsarzt wird dich untersuchen."

10 Dann geht er ans Telefon: „Prassini? Dr. Prassini, ich habe hier einen wichtigen Mann für unser Team: Brasilianer! Untersuchen Sie ihn – morgen. Pronto!"

Rico mag das nicht: In dem Moment fühlt er sich wie eine Sache, die der Verein kauft oder nicht kauft.

15 „Ricardo, wo wohnst du?"

„Bei Freunden, in Altona."

„O. k., später kannst du dir selbst etwas suchen."

„Kann ich morgen anfangen?", fragt Rico vorsichtig.

Kienboom gibt ihm die Hand: „Zuerst machen wir ein Pro-
20 betraining, morgen ab acht Uhr. Aber sei bitte pünktlich! Willkommen bei uns!"

Und zu Meike Strohm: „Kümmer dich bitte um die Arbeits- und Aufenthaltserlaubnis und auch um die Krankenver- sicherung – sehr wichtig!"

25 Rico geht. Er fühlt, das wird hart: Aber dieser Trainer – der ist sympathisch, ist wie ein Vater zu mir.

Als er hinausgeht, sieht er etwas: Warum tragen diese Männer einen Spieler zum Krankenwagen?

---

8 der Mannschaftsarzt: der Arzt für die Fußballmannschaft
19 Probetraining: erstes Training als Test

14

Kapitel | 3

Im Detektivbüro SIRIUS arbeiten Markus Berg und seine Kollegin Elisabeth Aumann gerade an einer schwierigen Sache.
„Markus, warum sucht dieser Mann seine Ehefrau?"
„Vielleicht geht es um Geld?"
„Oder er liebt sie und will, dass sie zurückkommt?" 5
„Aber Lisa, dazu braucht man doch keine Detektive!"
Beide müssen lachen.
Da klingelt das Telefon und Markus geht dran:
„Markus Berg, Detektei SIRIUS ... Ja, richtig ... Ach, und Sie
haben mich gefunden? ... Das tut mir leid ... Sie meinen, ich 10
soll schnell ... Ich glaube, das geht ... Gut, Frau Strohm, ich
sage noch Bescheid. Grüßen Sie Herrn Johannsen. Wiederhören!"

„Was war denn das?", fragt Elisabeth sofort.
„Ein Anruf vom FC Hamburg, von diesem Fußballverein. Die
haben Probleme. Was für Probleme, das weiß ich auch nicht

genau. Dort stimmt etwas nicht, der Präsident will Genaue-
res wissen und ich soll dort recherchieren."

„Aber Markus, woher haben die deinen Namen?"

„Ich bin doch Mitglied in dem Verein, seit langer Zeit, und
5 sie haben meinen Namen und meinen Beruf in ihrer Datei."

„Und du willst das machen?"

„Sehr gern, und wir werden gut daran verdienen."

„Na, dann geh mal zu den ‚Fischköpfen' ..."

*

Schon am nächsten Tag sitzt Markus beim Präsidenten,
10 Dr. Johannsen.

„Willkommen bei uns!"

Sofort erklärt er die Probleme: „Seit ein paar Monaten spielt
die zweite Mannschaft schlecht, total schlecht. Unsere
Jugendmannschaft! Und die sollen später in der ersten
15 Mannschaft spielen ..."

„Und warum sind die plötzlich so schwach – vielleicht der
Trainer?", antwortet Markus direkt.

„Nein, das glaube ich nicht – aber weiß man das?"

Der Präsident ist ein bisschen hilflos, denkt Markus.

20 „Aber Herr Berg, das ist nicht alles: Viele Spieler werden
krank, können nicht spielen und kommen deshalb nicht
zum Training – eine Katastrophe!"

„Das ist schlimm. Aber was passiert da?"

„Ich habe keine Ahnung." Zornig schlägt der Präsident

---

2 recherchieren: als Journalist oder Detektiv nach Informationen suchen.
4 das Mitglied: jemand ist in einem Verein und unterstützt ihn
8 Fischköpfe: netter, lustiger Name für die Norddeutschen
24 keine Ahnung: weiß nichts, hat keine Idee
24 zornig: sehr böse

mit der Faust auf den Tisch: „Das muss sich ändern – aber schnell!"

„Und wie kann ich helfen?"
„Untersuchen Sie, was da los ist. Aber heimlich! Ich sage allen, Sie sind Journalist und schreiben über den FC Hamburg." 5
„Gut, ich versuche es. Außerdem, ich bin wirklich auch Journalist", stimmt Markus zu.
„Das bleibt aber unter uns, kein Wort zum Trainer oder zu den anderen im Verein, klar?" 10

---

1 schlägt mit der Faust auf den Tisch: *siehe Bild*!
4 heimlich: niemand darf das wissen
8 stimmt zu ← zustimmen: zu etwas Ja sagen

Kapitel | 4

Beim Hinausgehen kommt Markus an der Rezeption der Geschäftsstelle vorbei.

„Herr Berg, einen Moment bitte! Kommen Sie doch einmal zu mir." Die Sekretärin, Meike Strohm, will ihm noch etwas sagen.

5 „Machen Sie die Arbeit – als Journalist?" Sie lacht.

„Natürlich, das ist doch interessant. Und wenn ich helfen kann ...?"

Auch sie weiß, dass er hier als Detektiv arbeitet, nicht als Journalist.

10 „Frau Strohm, vielleicht können Sie mir helfen. Wo – meinen Sie – soll ich anfangen?"

„Bei den Spielern. Dort sehen Sie die Probleme. Seit gestern ist ja wieder einer im Krankenhaus", sagt sie leise.

„Aber wann? Nach dem Spiel oder beim Training?"

15 „Herr Berg, ich würde das anders machen. Sprechen Sie privat mit denen. Da hört auch der Trainer nicht mit."

Komisch, denkt er, der soll auch nichts wissen?

„Sehen Sie, die Spieler von der zweiten, die treffen sich oft in zwei Lokalen: In der ‚Strandperle' in Othmarschen oder in

20 der Taverne ‚Naxos' am Hans-Albers-Platz in St. Pauli. Dort macht auch Jannis gute Musik. Ich weiß das, denn er ist der Freund von meiner Tochter Wibke."

„Ich danke Ihnen. Heute Abend gehe ich sofort hin."

„Besser morgen, und ich sage Wibke Bescheid, dass Sie kommen."

---

17 komisch: *hier*: man versteht nicht, warum das so ist
20 St. Pauli = Sankt Pauli: Stadtteil von Hamburg

„Hallo." Vor ihnen steht ein Mann in Arbeitskleidung.
„Sind Sie Herr Berg? Kommen Sie!"
Der Hausmeister Willy Kern macht mit ihm eine Führung
durch das Stadion, und dann gehen sie zum Trainer.

*

Rico kommt vom Training zurück in die WG.   5
„Wie siehst du denn aus?" Vor den Freunden in der WG steht
ein Mann, bleiches Gesicht, kann kaum noch stehen. Lang-
sam setzt er sich.
„Was ist passiert?" Jannis und Wibke sind bei ihm.
„Das war das fünfte Training – zu hart, brutal, und dann   10
diese Pillen ..."
„Was für Pillen?" Jannis will das genau wissen.
„Hier sind sie: eine blaue, eine rote, eine grüne Pille. Die
blaue am Morgen, die rote zu Mittag ..."
„Wer gibt euch das? Und warum?", fragt Wibke.   15
„Der Mannschaftsarzt, dieser Prassini. Er sagt, wir brauchen
das für eine bessere Kondition."
„Komm, trink ein Glas Wasser, aber ohne die grüne Pille.
Lass das. Das ist doch Quatsch und total ungesund", sagt
Jannis und hat eine Idee: 20
„Ich weiß was Besseres: Komm heute Abend mit uns ins
‚Naxos'. Da sind auch deine Freunde von der Mannschaft. Du
isst etwas Gutes, hörst schöne griechische Musik – das hilft
dir sicher."

*

3 der Hausmeister: kümmert sich um Ordnung im ganzen Haus
7 bleich: weißes Gesicht, denn es geht ihm schlecht
11 die Pille, -n: kleine, runde Tablette
17 die Kondition: der Körper ist stark oder schwach

Markus steht am Hans-Albers-Platz vor dem Lokal „Naxos"
und hört Musik. Sofort geht er hinein.

Ein Kellner begrüßt ihn freundlich: „Guten Abend. Sie
suchen einen Platz? Sind Sie allein?"

5 Am langen Tisch in der Mitte sieht ihn ein Mädchen, steht
auf und fragt ihn: „Entschuldigung, sind Sie vielleicht Markus
Berg?"

„Ja, das bin ich. Aber woher wissen Sie ...?"

„Meine Mutter, Frau Strohm, hat mir von Ihnen erzählt." Und
10 zu den anderen: „Das ist der Journalist aus Köln. Der ist in
unserem Verein und schreibt ..."

„Hoffentlich nur das Beste", sagt einer vom Tisch, „wir sind
nämlich eine tolle Mannschaft!"

Plötzlich sind alle still.

15 „Komm, setz dich zu uns, ich bin der Rico, es ist alles nicht
so schlimm."

„Genau", sagt Wibke. „Jannis, mach doch noch ein bisschen
Musik, auch für unseren Gast."

Und dann spielt Jannis auf der Bouzouki und singt griechi-
20 sche Lieder, mal fröhlich, mal traurig ...

Dann, später am Abend spricht Markus mit Rico.

Kapitel | 5

Markus Berg ruft jetzt seine Kollegin Elisabeth Aumann im
Detektivbüro an.

„Hallo, ich bin's, Markus."

„Na endlich! Wie ist denn alles so gegangen? Gut?"

„Klar!" Und er erzählt ihr, was los war – im Verein, auf dem 5
Trainingsplatz, beim Trainer Kienboom.

Dann erzählt er von Rico und Jannis:

„Wir waren sofort Freunde. Und das ist wichtig: Rico erzählt
mir alles, was passiert, beim Training, beim Spiel ..."

„Ist ja interessant. Viel Glück dabei!", sagt sie ihm. 10

„Ach so, wo wohnst du denn?"

„In einem kleinen, netten Hotel am Hafen, in der Nähe vom
Fischmarkt."

„Schön! Du liebst ja Fisch, wie ich weiß."

„Lisa, ich fühle mich hier wie ein Fisch im Wasser ..." 15

Sie macht eine Pause, dann sagt sie langsam: „Ist ja gut,
aber – gib acht, dass du nicht untergehst und bei den Fischen
endest."

*

Wieder ein wichtiges Spiel: FC Hamburg II gegen den
FC St. Pauli, das Lokalderby von Hamburg. 20

Markus sitzt natürlich im Stadion.

Das Spiel steht 0 : 0, und es ist die 85. Minute!

---

17 untergehen: ein Schiff ist kaputt und geht unter Wasser
20 das Lokalderby: zwei Teams aus einer Stadt spielen gegeneinander

Foul°! Elfmeter!°
Der Schiedsrichter° zeigt auf den Punkt.
Elfmeter für den FC Hamburg! Wer schießt° ihn? Natürlich
Kai. Er legt sich den Ball hin.
5 „Kai, mach ihn rein!", ruft der Trainer.
Kai läuft an, da stoppt er plötzlich und – fällt um.

5 mach ihn rein: schieß das Tor!
6 läuft an: beginnt mit dem Laufen
6 fällt um ← umfallen: nicht mehr gerade stehen, hinfallen

Im Stadion ist es jetzt ganz still.
Was ist passiert? Alle Spieler stehen bei Kai.
Der Trainer und die Sanitäter laufen auf das Spielfeld. Und
dann tragen sie ihn weg.
Markus läuft hinaus. Draußen sieht er noch, wie der Kran- 5
kenwagen mit dem Notarzt wegfährt.

*

Markus geht sofort in die Geschäftsstelle, ins Büro von Kien-
boom, aber er findet ihn nicht. Dann geht er in die Praxis von
Dr. Prassini. Die Tür ist offen, aber er ist auch nicht da.
Da erinnert er sich an etwas. Rico hat ihm im Lokal erzählt: 10
Die Spieler bekommen von Prassini Pillen und ein Medika-
ment in Fläschchen, und jeder muss das nehmen – für eine
bessere Kondition.
Moment mal! Vorsichtig geht Markus hinein. Da sieht alles
aus wie bei einem Arzt, ganz normal. 15
Aber da stehen Fläschchen auf einem Tisch, volle und leere.
Was ist das, vielleicht ein Dopingmittel? Schnell steckt er
sich eins in seine Tasche. Dann geht er zum Schreibtisch.
Dort liegt offen ein Terminkalender und Markus schaut
hinein: Da sind verschiedene Namen und Daten. Aber an 20
einer Stelle, dick geschrieben, steht TOLON.

3 der Sanitäter, - : hilft Verletzten und Kranken
12 das Fläschchen: kleine Flasche
17 das Doping: starkes Mittel, im Sport verboten

Markus fühlt, er hat etwas Wichtiges gefunden. Und dieses „Tolon" steht beim Datum von übermorgen.

Zu spät merkt er, dass jemand hereinkommt.

„Was machen Sie hier?" Vor ihm steht Prassini.

5 „Nichts, ich habe auf Sie gewartet und ich habe Fragen an Sie", erklärt Markus.

„Jetzt nicht", antwortet Prassini böse und sehr nervös. „Da draußen ist etwas Schreckliches passiert. Es ist ein Notfall. Gehen Sie!", hört Markus noch. Dann ist Prassini weg.

*

10 Sofort geht Markus zu Meike Strohm.

Sie sitzt da, mit roten Augen und weint.

„Frau Strohm", fragt Markus, „warum …?"

„Markus, sagen Sie Meike zu mir. Etwas Schreckliches. Dieser liebe Junge, der Kai – gerade kam der Anruf – ist tot. Einfach
15 so."

Markus kann es nicht glauben: „So schnell? Nach dem Spiel? Meike, jetzt müssen wir etwas tun!"

„Ja, was denn?"

„Ich war gerade in der Praxis von Prassini. Du weißt doch:
Die Spieler haben Mittel bekommen, vielleicht gefährliche …"
„Was sagst du da? Du meinst, auch Kai?"
„Ja. Ich habe hier ein Fläschchen davon und möchte das in
ein Labor bringen. Kennst du eins?"   5
Meike Strohm ist jetzt wieder aktiv: „Hier, ich schreibe dir
eine Adresse auf. Mach schnell!"
„Noch etwas: im Terminkalender von Prassini steht etwas
Komisches: ‚Tolon'. Was ist das? Eine Firma, ein Lokal?"
„Moment mal – du, vielleicht ist das ein Schiff? Ich rufe   10
gleich beim Hafenamt an."

5 das Labor: hier untersucht man auch gefährliches Material
11 das Hafenamt: hat die Kontrolle über den Hafen und die Schiffe

Kapitel | 6

An der Tür zum Büro von Karl Kienboom klopft es. „Herein!"
„Tag, Herr Kienboom." Markus Berg steht vor ihm.
„Ach, Sie sind das!", sagt der Trainer unfreundlich.

„Sie kommen im richtigen Moment: Ein Spieler ist tot – ein
5 Journalist kann da ja etwas Tolles schreiben."
„Entschuldigung, ich wollte nur ein paar Fragen stellen. Ich
finde das auch sehr traurig."
„Also los, aber schnell!" Kienboom wird unruhig.
Markus beginnt vorsichtig: „Wie konnte das gestern passie-
10 ren? Haben Sie eine Ahnung?"
„Was soll die Frage? Sind Sie von der Polizei? Wollen Sie uns
kontrollieren?"
„Nein, natürlich nicht. Aber was war los mit Kai?

War das Training zu hart? Oder gab es da noch andere
Dinge?"
„Jetzt ist es aber genug. Sie schleichen hier durch das Haus
und stören. Raus hier!"
„Herr Kienboom, ich bin doch auf Ihrer Seite. Verstehen Sie 5
bitte, ich mache mir nur Sorgen."
„Ich nicht? Wie ein Vater bin ich zu meinen Spielern, zu
meinen Jungen. Ich will sie weiterbringen."
Traurig ist er und etwas hilflos, findet Markus.
„Ich weiß. Aber – kann ich mal mit der Mannschaft sprechen? 10
Nur kurz?"
„Nein, unmöglich! Das macht die nur nervös. Bald ist wieder
ein wichtiges Spiel. Besser, Sie sprechen mit Dr. Prassini.Der
kümmert sich um die Gesundheit der Spieler. Schluss jetzt,
ich muss zum Training." 15

*

Auf dem Weg hinaus geht er noch bei Meike vorbei.
Sie ruft ihn, denn sie hat eine wichtige Information.
„Schau mal", sagt sie leise und zeigt auf den Bildschirm ihres
Computers. „Das ist die ‚Tolon', ist gestern angekommen, aus
Kolumbien." 20

3 schleichen: langsam, leise, vorsichtig gehen
18 der Bildschirm: dort sieht man die Bilder des Computers

„Und wo liegt die?"

„Hier", sie gibt ihm einen Zettel. „Am Ballinkai, ich weiß aber auch nicht, wo genau."

„Das finde ich schon. Danke, liebe Meike!"

5 Später ruft er Jannis an: „Du, ich brauche dringend deine – eure Hilfe, morgen Abend …"

*

Markus ist beim Präsidenten: „Zuerst einmal: Es tut mir leid, was mit Kai passiert ist."

„Danke. Und wir sind schon in der Presse. Das ist das
10 Schlimmste. Herr Berg, ich frage Sie: Was haben Sie gefunden?"

„Herr Präsident, das kann ich Ihnen sagen: Die Spieler bekommen starke Mittel, vielleicht sind das Dopingmittel."

„Was sagen Sie da?", sagt der Präsident mit rotem Kopf.

15 Da klingelt das Telefon. Es ist Meike Strohm:

„Herr Johannsen, bei mir ist einer von der Polizei."

„Schicken Sie ihn zu mir."

Der Polizist kommt herein und sagt dann: „Herr Johannsen, den Tod von Kai müssen wir untersuchen. Wir machen eine
20 Autopsie. Und Sie bekommen das Ergebnis zuerst."

Markus sagt Johannsen etwas Wichtiges nicht: Er wartet auf das Ergebnis aus dem Labor.

---

2 der Kai: dort „parkt" ein Schiff, das im Hafen ankommt
9 die Presse: Zeitungen, Zeitschriften
20 die Autopsie: die Polizei untersucht einen Toten
20 das Ergebnis: am Ende kommt die Information

Kapitel | 7

Am Ballinkai steht ein Auto, am gleichen Kai wie das Contai-
ner-Schiff „Tolon".
Es regnet ohne Ende.
„Schietwetter", sagt Jannis, „da kann man ja fast nichts sehen."
Markus, Wibke und Jannis warten im Auto. Es ist schon dun- 5
kel, aber nichts passiert.
Die Gangway hängt nach unten. Warum?
„Markus, bist du sicher, dass er kommt?", fragt Wibke.
„100 % sicher. Warten wir doch noch ein bisschen."
Es ist halb neun. Jannis schaut auf die Uhr. 10
Da kommt ein Wagen und hält direkt neben der Gangway.
Aus dem Wagen steigt ein Mann, schaut kurz auf das Schiff
und den Kai. Dann geht er zur Gangway und steigt hinauf
zum Schiff.
„Markus! Jetzt!", flüstert Wibke, „aber sei vorsichtig." 15

4 „Schietwetter": *Hamburgisch* für: sehr schlechtes Wetter
7 die Gangway: die Treppe hinauf aufs Schiff (→ Bild)

„Bitte bleibt hier. Wenn ich in einer Stunde nicht zurück bin, ruft die Polizei!"

Markus wartet noch etwas, dann steigt auch er vorsichtig nach oben.

5 Auf dem Schiff ist alles dunkel. Er sieht nur ein Licht und schleicht dorthin.

Das Licht kommt aus einem Raum. Durch das Fenster in der Tür schaut er hinein. Und was sieht er? Vier Männer sitzen an einem Tisch – dunkle Typen, denkt er. Der vierte ist der
10 Mann von unten.

Sie zählen Geld, und dann bekommt der Mann mit Hut ein Paket.

„Gracias, señor", hört er noch, dann stehen sie auf.

Auch der Mann mit Hut: Das ist doch …!, denkt Markus, jetzt
15 muss ich aber schnell weg. Dabei macht er einen Fehler: man hört ihn.

Eilig versteckt er sich in einer dunklen Ecke.

Dort wartet er.

Jetzt ist die Luft rein, denkt er, jetzt kann ich weg.

13 Gracias, señor!: *spanisch*: danke, mein Herr!
17 sich verstecken: hingehen, wo niemand ihn sieht
19 die Luft ist rein: *hier*: kein Problem, keine Gefahr mehr

Da stehen plötzlich drei Männer vor ihm: „Wen haben wir denn hier? Das ist ein Schnüffler!"

Sie greifen nach ihm.

„Was machen Sie da?", kann Markus noch sagen.

„Das zeigen wir dir!" Dann schlagen sie ihn, alle schlagen ihn. 5
Er ist zu schwach gegen die drei, fällt um und fühlt nichts mehr.

„Jetzt ist es genug", sagt einer, „ab mit ihm, hinunter zu den Fischen."

Und sie werfen ihn über Bord – ins dunkle Wasser. 10

*

„Schaut mal, dieser Mann geht zurück zum Auto und fährt weg. Aber wo ist Markus? Keine Antwort vom Handy!"

Die Freunde machen sich Sorgen.

„Vielleicht ist etwas passiert? Jannis, nimm deine Lampe! Komm! Hoffentlich ..." Wibke hat Angst. 15

Jannis leuchtet mit der Lampe über das Wasser.

„Da! Da ist etwas im Wasser – oder jemand", ruft Wibke.

Und wirklich. Ein Körper kommt näher. „Hallo, Hilfe!", hören die Freunde.

„Das ist Markus! Hallo, Markus! Toll! Komm, hier kannst du 20
rauf!" Jannis hilft ihm nach oben.

Markus hustet: „Puuh! Euer Wasser schmeckt aber nicht gut ..."

---

2 der Schnüffler: negativ für: Detektiv oder Polizist
5 schlagen: hart mit den Händen gegen den Körper stoßen
10 über Bord werfen: lassen ihn vom Schiff hinunterfallen
16 leuchten: Licht machen
22 husten: die Luft schnell nach außen drücken

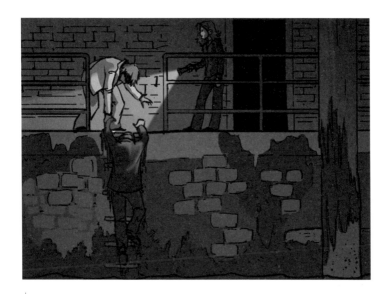

Er ist am Ende, sie tragen ihn zum Auto.

„Bringt mich ins Hotel", kann Markus nur noch sagen.

„Was ist passiert? Egal, später." Wibke hat eine bessere Idee:
„Du bist total nass und kalt. Das macht dich krank. Wir brin-
5 gen dich nicht ins Hotel, sondern zu uns nach Hause. Meine
Mutter und ich werden uns um dich kümmern."

*

Im Haus von Meike ruft Markus seine Kollegin Elisabeth an:
„Hallo, hier ist Markus."

„Markus, was ist los? Dein Handy geht nicht – und was ist
10 mit deiner Stimme?"

„Lisa, das Handy ist bei den Fischen in der Elbe, ich aber
nicht."

---

10 die Stimme: was man hört, wenn jemand spricht

„Was war denn? Ich habe mir schon Sorgen gemacht."
Jetzt erzählt er ihr alles. „Am Ende haben die mich ins Wasser
geworfen. Das war ziemlich hoch, aber ich hatte Glück. Ich
bin zum Kai geschwommen. Und da waren meine Freunde
und haben mir geholfen." 5
„Bin ich froh! Also, der Spaß mit den Fischen – das war nicht
nett von mir ..."
„Egal. Mir geht es langsam besser. Ich bin nicht einmal
erkältet. Morgen geht die Arbeit weiter."
„Und was willst du tun?" 10
„Morgen passiert es: Die ganze Wahrheit kommt auf den
Tisch."
„Markus, hast du Beweise?"
„Ja klar, das Ergebnis aus dem Labor."
„Markus, viel Glück dabei! Und komm gut zurück." 15

*

In der WG geht die Tür auf und Rico kommt müde herein. Er
sieht krank aus.
„Freunde, jetzt ist Schluss. Ich mache nicht weiter. Nicht bei
diesem Verein! Auch zwei andere hören auf. Wir suchen uns
etwas anderes." 20

---

3 geworfen ← werfen: jemanden oder etwas durch die Luft fliegen
   lassen, hier: ins Wasser
4 geschwommen ← schwimmen
11 die Wahrheit: was wahr ist
11 kommt auf den Tisch: *hier*: alles erklären, offen legen
13 der Beweis, -e: etwas, das die Wahrheit zeigt

Kapitel | 8

Die Tür von Prassinis Praxis kracht auf und Kienboom
kommt herein.

„Geht es nicht leiser?", sagt Prassini nervös.

„Gar nicht!", sagt Kienboom böse, und die Tür kracht wieder
5 zu. „Was hast du Kai gegeben? Was?!"

„Karl, das weißt du doch, das gleiche Mittel wie immer. Hier
sind die Fläschchen."

„Und wie viele davon?"

„Jeder Spieler bekommt fünf Fläschchen, für jeden Tag eins."
10 Prassini versteht das Problem nicht.

„Und wenn der Junge zwei oder drei davon nimmt, was
dann?" Kienboom hat eine schlimme Ahnung.

„Das wäre sehr gefährlich, lebensgefährlich."

„Das sagst du so einfach? – Weißt du, du bist schuld an
15 seinem Tod!" Kienboom wird immer lauter.

„Nein, nein, Karl, du hast mir gesagt, ich soll das den Spielern
geben. Du warst das! – Finito! Ich mache nichts mehr. Ohne
mich!"

Da kommt der Präsident zusammen mit Markus herein:
20 „Was ist denn hier los? Haben wir nicht genug Probleme?"

„Ich habe hier etwas", sagt Markus leise.

„Ja, was denn?" Plötzlich ist Kienboom nicht mehr der
freundliche Trainer.

---

1 kracht auf/zu: die Tür öffnet sich/schließt sehr laut
14 schuld sein: wegen ihm ist etwas Schlechtes passiert

„Ich habe das Ergebnis aus dem Labor. In diesen Getränken
für die Spieler ist Acetolamid, das ist ein Dopingmittel, Herr
Präsident!"

„Was sagen Sie da? Wer war das? Wer hat das den Spielern
gegeben?" 5

„Prassini", sagt Kienboom schnell.

„Ja, aber du wolltest das, ganz klar!", sagt Prassini und ist
plötzlich verschwunden.

„Moment mal", Markus hält ein Papier hoch, „ich habe hier
einen Bestellzettel für dieses ‚Getränk' von Ihnen, Herr Kien- 10

boom, aus dem Büro von Dr. Prassini."

„Zeigen Sie her", sagt der Präsident.

„Herr Kienboom, da bestellen Sie ein Paket mit Acetolamid
bei der Firma Physimedica in Bogota. Ist das Ihre Unter-
schrift?" 15

„Sie verdammter Schnüffler!", ruft Kienboom.

---

8 verschwunden ← verschwinden: ist plötzlich nicht mehr da
16 verdammt: sehr negativ für eine Person

Das ist für Johannsen zu viel: „Herr Kienboom, Kai Miller ist tot, Ricardo aus Brasilien und Francis aus Nigeria gehen weg, die Mannschaft kaputt, alle Spiele verloren – Sie sind gefeuert! Außerdem wartet draußen die Polizei."

5 Kienboom geht zu Markus: „Wenn ich dich wiedersehe, mach ich dich fertig!"

Kienboom läuft hinaus. Da steht schon die Polizei: „Kommen Sie mit. Sie sind verhaftet."

„Warum?"

10 „Das sagen wir Ihnen auf der Polizeiwache."

*

In seinem Büro will der Präsident Markus noch einmal sprechen:

„Ich weiß, Sie wollten das Beste. Aber dabei haben Sie auch viel kaputt gemacht. Der Verein hat jetzt in der Presse kein
15 gutes Image."

„Tut mir leid." Markus ist nicht zufrieden.

„Ich muss jetzt neu anfangen, aber ohne Sie. Und ich habe einen neuen Trainer für die zweite Mannschaft – aus Bremen! Hier ist Ihr Honorar, aber kein Wort an die Presse, klar?"
20 „Natürlich, in Köln ist für mich nur der FC Köln interessant", antwortet Markus und geht.

---

3 gefeuert ← feuern: *negatives Wort* für: entlassen
6 mach ich dich fertig!: ich mache etwas Schlechtes mit dir!
8 verhaftet: die Polizei nimmt ihn mit
10 die Polizeiwache: das Büro der Polizei
15 das Image: so sehen die Leute und die Presse den Verein

36

Kapitel | 9

In der Geschäftsstelle des Vereins steht Markus.

Es ist sein Abschied.

„Meike, du hast mir sehr geholfen, hier im Verein und bei dir zu Hause." Sie bekommt einen großen Blumenstrauß.

Sie umarmt ihn: „Du hast sehr viel getan. Ich spreche hier 5 für alle."

„Stimmt", sagt Willy Kern, der dazukommt, „jetzt wird alles besser, vielleicht mit einem neuen Präsidenten. Ich sage auch danke!"

Und er gibt ihm die Hand.   10

„Moment, Markus, da ist noch etwas für dich."

Und sie gibt ihm einen Brief des Präsidenten mit Freikarten für die Spiele der ersten und zweiten Mannschaft – für ein Jahr!

*

In der WG findet eine wichtige Diskussion statt.   15

„Was machen wir jetzt?", fragt Rico die Freunde. „Francis und ich sind jetzt ohne Verein."

Francis meint, sie sollen es bei Bayern München versuchen.

„Wenn München, dann lieber zu 1860, die sind besser und sympathischer", sagt Jannis sofort. „Aber ich habe eine noch 20 bessere Idee. Gleich vor unserer Tür ist der FC St. Pauli, auch sehr stark – o.k., in der Tabelle mal oben, mal unten – aber, das ist wichtig: dort ist es wie in einer Familie – jeder hilft jedem."

5 umarmen: aus Freude oder Liebe die Arme um jemanden legen
22 die Tabelle: hier: der Platz eines Vereins nach den Spielen

„Francis, was meinst du? Gehen wir da hin?"

*

Später treffen sie sich an den Landungsbrücken. Sie sind mit Markus verabredet.

„Hallo, Markus", sagt Wibke fröhlich, „zum Schluss kommt
5 für dich etwas Schönes. Wir machen eine große Hafenrundfahrt, und ich zeige dir Hamburg vom Wasser aus, mit allen
Sehenswürdigkeiten."
„Toll! Danke! – Ich habe ja durch die ganze Arbeit fast nichts
von Hamburg gesehen."
10 „Und wir fahren auch durch den Hafen und besuchen
auch ..."
„Den Ballinkai", ergänzt Markus. Alle lachen.
Markus freut sich, doch er ist auch ein bisschen traurig, dass
er dann gehen muss – weg von seinen neuen Freunden und
15 von dieser großen, interessanten Stadt.

Ende

38

Landeskunde Hamburg

Teil A
Hamburg

ist die zweitgrößte Stadt Deutschlands, Hafenstadt, liegt aber nicht am Meer, sondern an der Elbe, einem Fluss. Wahrzeichen ist die größte Kirche, St. Michaelis, der „Michel".

Teil B
Hamburger Spezialitäten

 Nicht nur Fisch, auch:
„Labskaus" (roter Kartoffelbrei, Ei, Gurke, Rollmops) und als Dessert „Rode Grütt" (aus roten Beeren)

Teil C
Die Landungsbrücken

Das „Herz" des Hamburger Hafens. Von hier fährt man auf die Elbe hinaus, und hier beginnen die wunderbaren Hafenrundfahrten.

Teil D
Altona und sein Fischmarkt

Der Stadtteil Altona hat Tradition. Berühmt ist sein Fischmarkt. Laut und lustig bieten die Verkäufer Fisch und Obst an: „Komm her! Ganze Kiste ein Euro!"

Teil E
Szene – Spaß – Vergnügen

Dort geht man am Abend hin und findet nette Leute: nach St. Pauli, auf den Hamburger Kiez, auf die Reeperbahn, in die Schanze oder in den Stadtteil St. Georg.

Teil F
Der Hafengeburtstag

Seit Mai 1189 ist Hamburg ein freier Hafen. Und jedes Jahr im Mai feiert man seinen „Geburtstag". Viele Schiffe, auch historische, kommen aus allen Ländern und feiern mit.

Teil G
So sprechen die Hamburger

Sie sprechen, wie alle Norddeutschen, ein ganz besonderes Deutsch, zum Beispiel: **wat? – dat!** = *was? – das!* **Water** = *Wasser;*

snacken = *sprechen;* **Moin!** *ist der normale Gruß*
Auch die Aussprache ist besonders, so trennen sie „**s – t**": „Er **s-t**eht im **S-t**adion und sieht ein **S-p**iel".

Übungen

Kapitel 1

Ü1 **Der Krimi spielt in** _____ **,**
an der _____ **.**

Ü2 **Warum verlieren die Hamburger gegen Bremen?**
Sie sind _____ **.**

Ü3 **Zwei Aufstellungen von Mannschaften:**

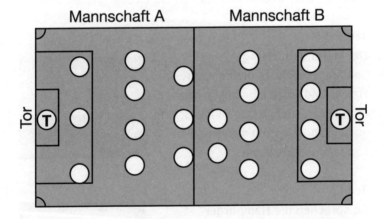

Markieren Sie V, M, A bei beiden Mannschaften!
Ⓣ = im Tor steht der Torwart
Ⓥ = in der Verteidigung spielt der Verteidiger
Ⓜ = im Mittelfeld spielt der Mittelfeldspieler
Ⓐ = im Angriff/Sturm spielt der Stürmer

Ü4   **Welche Probleme sieht der Präsident?**
Was steht im Text?

a. Die Mannschaft hat schon wieder verloren. ☐

b. Der Trainer kommt wieder zu spät. ☐

c. Die zweite Mannschaft ist für ihn nicht wichtig. ☐

d. Der Trainer arbeitet vielleicht nicht gut. ☐

e. Es gibt ein Problem, aber er kennt es nicht. ☐

Ü5   **Was meint der Präsident mit „Sonst sind Sie hier weg."?**

„Sonst muss ich Sie _____ ."

Ü6   **Wo hat Rico seinen neuen Freund kennengelernt?**

Auf dem _____ .

Was will Rico in Hamburg tun?

_____

Ü7   **Warum soll Rico zum FC Hamburg gehen?**

_____

Und wo kann Rico wohnen?

_____

Kapitel 2

Ü1   **Wie fühlt sich Rico vor dem Stadion?**

Was denken Sie? _____

Ü2   **Ricos erster Besuch beim FC Hamburg ist sehr wichtig. Was steht im Text?**

a. Er sagt, er will bei diesem Verein spielen! ☐

b. Er geht sofort zum Trainer. ☐

c. Die Sekretärin begrüßt ihn sehr freundlich. ☐
d. Er kann auch einen Job im Büro bekommen. ☐
e. Er möchte den Trainer sprechen. ☐
f. Die Sekretärin hilft ihm und bringt ihn zu ihm. ☐

Ü3 **Der Trainer stellt viele Fragen. Welche kann er noch stellen? Was denken Sie?**

_____ ? _____ ?
_____ ? _____ ?

Ü4 **Was denkt Rico: Wie ist der Trainer?**
Kreuzen Sie an, ergänzen Sie!
hart ☐ sympathisch ☐ freundlich ☐ stark ☐
fair ☐ kalt ☐ streng ☐ väterlich ☐ nett
☐ zu vorsichtig ☐ normal ☐ professionell ☐

_____

Ü5 **Rico sieht etwas, was er – noch nicht – versteht:**
Vor dem Stadion steht ein _____ ,
und dorthin trägt man jemanden ...

Kapitel 3

Ü1 **Wer ruft im Büro der Detektei SIRIUS an?**

_____

Ü2 **Was hört Markus am Telefon? Was glauben Sie?**
a. Der Verein FC Hamburg hat Probleme. ☐
b. Sie haben Markus gefunden, denn er ist dort
   Mitglied. ☐
c. Sie suchen einen neuen Trainer. ☐

d. Er soll dort als Detektiv arbeiten. ☐

e. Er soll schnell nach Hamburg kommen. ☐

f. Der Präsident schickt ein Flugticket. ☐

g. Der Präsident schickt ihm Grüße. ☐

Ü3 Was soll Markus für den Präsidenten untersuchen? Was sagt der Präsident noch? Ergänzen Sie!

Warum ist die Jugendmannschaft plötzlich so

_____ ? Warum werden viele

Spieler _____ und können nicht

mehr spielen?

Das muss sich _____ , und ganz

schnell!

Ü4 Für die Leute im Verein soll Markus kein Detektiv sein, sondern ein _____ .

Kapitel 4

Ü1 Markus bekommt Tipps von Meike Strohm. Welche sind richtig?

a. am Training teilnehmen ☐

b. der Trainer soll nichts wissen ☐

c. mit den Spielern sprechen ☐

d. einen Spieler im Krankenhaus besuchen ☐

e. die Spieler in ihrem Lieblingslokal treffen ☐

Ü2 Was bedeutet „ich sage Wibke Bescheid"?

Frau Strohm _____ Wibke, dass Markus ins „Naxos" kommt.

44

Ü3 Rico kommt zurück in die WG und erzählt.
Bilden Sie Sätze aus den Wörtern:

1. Training – hart: „_____"
2. Pillen – nehmen: „_____"
3. bessere Kondition: „_____"

Jannis hat eine andere Meinung:

4. Quatsch. „_____!"
5. ungesund: „_____"
6. etwas Besseres – wissen: „_____:"
7. in unser Lokal – kommen: „_____!"

Ü4 Was ist im „Naxos" das Wichtigste für Markus?
Ergänzen Sie die Wörter „kennenlernen, sprechen, treffen":

Er _____ die Mannschaft, kann mit den Spielern _____ und dabei auch Rico _____ .

Kapitel 5

Ü1 Was erzählt Markus seiner Kollegin Elisabeth?
von Rico und Jannis ☐, vom Trainer ☐, von der netten Meike Strohm ☐, von seinem Hotel ☐, von einem Fischlokal ☐, was Rico erzählt ☐

Ü2 Was meint er mit „Ich fühle mich hier wie ein Fisch im Wasser"?
„Ich fühle mich hier _____."

Ü3 Was passiert mit Kai auf dem Spielfeld?
Plötzlich _____!

Ü4 **Warum ist dieser „Sekundentod" passiert?**
Was waren die Gründe? Was denken Sie?
zu hartes Training ☐ Alkohol ☐ Doping ☐
zu viel Party ☐ Drogen ☐ Probleme mit anderen ☐
oder was noch? _____

Ü5 **Was findet Markus in der Praxis von Prassini?**
1. leere und volle Fläschchen ☐
2. eine Tasche mit Papieren ☐
3. einen Terminkalender ☐
4. verschiedene bunte Pillen ☐
5. das Wort „Tolon" im Terminkalender ☐

Ü6 **Markus bei Meike – ein langes Gespräch.**
Was passt zusammen?

1. Warum weinen Sie?	a) Vielleicht ist das ein Schiff? Ich frage nach.
2. Wir müssen etwas tun!	b) Ja, hier ist die Adresse.
3. Die Spieler bekommen gefährliche Mittel …	c) Etwas Schreckliches! Dieser liebe Kai ist tot!
4. Kennst du ein Labor?	d) Ja, was denn?
5. Dieser Name „Tolon" – Was ist das?	f) Was sagst du da?

46

Kapitel 6

Ü1 **Warum ist Kienboom so aggressiv gegen Markus und will keine Fragen? Ihre Meinung ...**
- Er mag Kontrollen nicht.
- Er ist der Profi, andere sind es nicht.
- Er hat das Gefühl, dass Markus etwas sucht.
- Er hat Angst, dass Markus etwas findet.
- Er will keine Unruhe bei den Spielern.

Ü2 **Meike hat eine wichtige Information:**
Die „Tolon" ist ein _____ und liegt
gerade im Hafen, am _____ !

Ü3 **Der Präsident hat immer größere Probleme.**
Ergänzen Sie die Lücken!
Von Markus hört er: Die Spieler bekommen starke
_____ , vielleicht sind das _____ .
Und ein Polizist kommt und erklärt: „Wir müssen den
Tod von Kai _____ , durch eine Autopsie!"

Kapitel 7

Ü1 **Was passiert in der Nacht am Ballinkai?**
Ergänzen Sie die Wörter aus dem Kasten.

> Gangway, Hilfe!, hilft, Idee, kümmern, Paket,
> schaut, Schiff, schlagen, schleicht, Sorgen,
> steigt, versteckt, vorsichtig, werfen, zählen

Szene 1

Am Kai warten Markus, Wibke und Jannis lange.

Da kommt ein Wagen, ein Mann _steigt___ aus, geht zur

_____ und steigt hinauf zum _____ .

Szene 2

Markus wartet noch, dann steigt auch er _____

nach oben. Oben _____ er zu einem Licht.

Szene 3

Durch ein Fenster _____ er in einen Raum:

Dort sitzen Männer und _____ Geld. Dann

bekommt der Mann mit dem Hut ein _____ .

Szene 4

Schnell _ _____ sich Markus in einer Ecke.

Aber die Männer finden ihn, _____ ihn

brutal und _____ ihn in die Elbe.

Szene 5

Die Freunde machen sich _____ . Da sehen sie

jemanden im Wasser und hören: „ _____ ". Das

ist Markus, und Jannis _____ ihm nach oben.

Szene 6

Markus will ins Hotel, aber Wibke hat eine bessere

_____ : Sie nimmt ihn mit nach Hause. Dort

können sich Meike und sie um ihn _____ .

**Ü2   Markus erzählt Elisabeth, was passiert ist und was
noch kommt. Was steht im Text?**

   a. Ich hatte Glück und meine Freunde waren da. ☐

   b. Ich war dann in Wibkes und Meikes Haus. ☐

   c. Ich fühle mich gut. Morgen arbeite ich weiter. ☐

   d. Ich habe sofort die Polizei angerufen. ☐

   e. Das Schiff, die „Tolon", ist schon weg. ☐

f. Ich habe morgen alle Beweise und
das Ergebnis aus dem Labor. ☐

Kapitel 8

Ü1 **Jetzt kommt der letzte Kampf: jeder gegen jeden.**
Und Markus bringt die Lösung.
Wie ist hier die richtige Reihenfolge?

☐ Der Präsident entlässt den Trainer.

☐1 Kienboom und Prassini streiten: Wer ist schuld?

☐ Aber Markus hat einen Bestellzettel des Trainers
als Beweis.

☐ Kienboom läuft hinaus, und draußen verhaftet
ihn die Polizei.

☐ Kienboom sagt, dass er nicht schuld ist, und
Prassini ist plötzlich weg.

☐ Markus zeigt das Ergebnis aus dem Labor: Es
ist ein Dopingmittel!

☐ Der Präsident kommt mit Markus und
will eine Erklärung.

Ü2 **Der Präsident ist mit dem Ergebnis und mit der**
Arbeit von Markus unzufrieden. Ergänzen Sie!

Er meint, Markus wollte das _____ , aber er
hat auch viel _____ gemacht. Er muss jetzt
neu _____ , mit einem neuen Trainer aus
Bremen. Markus bekommt sein _____ , aber
es soll nichts in der _____ stehen!

Kapitel 9

Ü1 **Meike bekommt zum Abschied einen _____ ,**
und Markus bekommt noch einen Brief des Präsi-
denten und _____ für alle Spiele!

Ü2 **Wohin gehen Rico und Francis?**
Zum _____ , dort ist es wie in einer Familie.

Ü3 **An den Landungsbrücken treffen sich alle Freunde**
mit Markus. Wibke organisiert eine schöne
_____ , und für alle hat es ein gutes Ende.

Kapitel 1–9

Ü1 **Wie geht es mit dem Verein FC Hamburg weiter?**
Was glauben Sie?
- Der Verein wird Deutscher Meister?
- Präsident Johannsen macht Schluss?
- Mit dem neuen Mannschaftsarzt Heiner Klock wird
  jetzt der Verein sauber?
- Die Spieler von der zweiten Mannschaft gehen weg?
- _____

Ü2 **Was ist fünf Jahre später? Was denken Sie?**
Rico Schmidt
- spielt immer noch beim FC St. Pauli?
- ist wieder in Brasilien bei seiner Familie?
- hat ein Sportstudium angefangen?
- ist Star in der brasilianischen Nationalmannschaft?
- _____

Jannis Papastakis

· besitzt ein neues Lokal an der Elbe?
· er und Wibke haben geheiratet?
· mit Wibke und seinen Kindern lebt er jetzt auf der
  Insel Naxos und hat ein schönes Hotel?
· er hat eine CD herausgebracht?
· _____

Und Wibke Strohm?
_____

Und Karl Kienboom?
_____

Ü3   **In welchen Ländern spielen diese Fußballvereine?**
     In Deutschland, in Österreich oder in der Schweiz?
     FC Basel: _____
     Austria Wien: _____
     Hertha BSC: _____

Lösungen

Kapitel 1
Ü1 Hamburg, Elbe
Ü2 zu schwach / müde
Ü3 (Notizen in das Bild)
Ü4 a, d, e
Ü5 entlassen
Ü6 Schiff (Esperanza), Fuß-
    ball spielen
Ü7 ein reicher / großer Klub,
    bei Jannis / in einer WG

Kapitel 2
Ü1 aufgeregt / nervös / …
Ü2 a, c, e, f
Ü3 (Ihre Idee)
Ü4 (Ihre Meinung)
Ü5 Krankenwagen

Kapitel 3
Ü1 die Sekretärin vom FC Ham-
    burg
Ü2 a, b, d, e
Ü3 schwach, krank, ändern
Ü4 Journalist

Kapitel 4
Ü1 b, c, e
Ü2 sagt
Ü3 Das Training ist (zu) hart.
    Ich muss Pillen nehmen.
    Ich brauch eine bessere Kon-
    dition. Das ist Quatsch! Das
    ist (sehr) ungesund.
    Ich weiß etwas Besseres:
    Komm in unser Lokal!
Ü4 trifft, sprechen, kennenlernen

Kapitel 5
Ü1 von Rico und Jannis; vom
    Trainer; von seinem Hotel;
    was Rico erzählt
Ü2 sehr wohl / sehr gut
Ü3 fällt er um / stirbt er
Ü4 (Ihre Meinung)
Ü5 1, 3, 5
Ü6 1c, 2d, 3f, 4b, 5a

Kapitel 6
Ü1 (Ihre Meinung)
Ü2 Schiff, Ballinkai
Ü3 Mittel, Dopingmittel, untersu-
    chen

Kapitel 7
Ü1 Sz. 1: steigt, Gangway, Schiff;
    Sz. 2: vorsichtig, schleicht;
    Sz. 3: schaut, zählen, Paket;
    Sz. 4: versteckt, schlagen,
    werfen; Sz. 5: Sorgen, Hilfe!,
    hilft; Sz. 6: Idee, kümmern
Ü2 a, c, f

Kapitel 8
Ü1 6 > 1 > 5 > 7 > 4 > 3 > 2
Ü2 Beste, kaputt, anfangen,
    Honorar, Presse

Kapitel 9
Ü1 Blumenstrauß, Freikarten
Ü2 FC St. Pauli
Ü3 Hafenrundfahrt

Kapitel 1 – 9
Ü1 (Ihre Meinung)
Ü2 (Ihre Meinung)
Ü3 (Ihre Recherche)

MP3:
Sport ist Mord
Fußball-Krimi in Hamburg

Gelesen von Benjamin Plath
Übersetzung
ins Plattdeutsche: Gerd Spiekermann, NDR, Hamburg
Regie: Joachim Becker
 Susanne Kreutzer
Toningenieur: Pascal Thinius
Studio: Clarity Studo Berlin

unter www.cornelsen.de/daf-bibliothek